Jan Martin Ogiermann

Der Reichstag

Vom Parlament des Kaiserreichs zum Symbol der Berliner Republik

ORTE DER GESCHICHTE
CH. LINKS VERLAG

Die Reihe »Orte der Geschichte« wird herausgegeben von Martin Kaule.

Die Deutsche Nationalbibliothek verzeichnet diese Publikation
in der Deutschen Nationalbibliografie; detaillierte bibliografische Daten
sind im Internet über www.dnb.de abrufbar.

Der Text des Bandes basiert auf dem vom Autor verfassten Kapitel
»Der Reichstag. Das Haus der Deutschen« in seinem Buch »Geheimnisvolle Orte«, das 2013 im Ch. Links Verlag erschienen ist.

1. Auflage, September 2017
© Christoph Links Verlag GmbH
Schönhauser Allee 36, 10435 Berlin, Tel.: (030) 44 02 32-0
www.christoph-links-verlag.de; mail@christoph-links-verlag.de
Umschlagmotive: vorn Reichstagsgebäude im November 2005 (Wikimedia Commons/Wojsyl, CC BY-SA 3.0), hinten Menschenansammlung vor dem Reichstag während der Ausrufung der Republik durch Philipp Scheidemann, 9. November 1918 (Bundesarchiv, Bild 183-R92622)
Karte: Peter Palm, Berlin
Satz: Nadja Caspar, Ch. Links Verlag
Druck und Bindung: Bosch-Druck, Landshut

ISBN 978-3-86153-971-1

Inhalt

Einleitung 5

Für Kaiser, Reich und Parlament, 1871 – 1918 7
   Der lange Weg zur Grundsteinlegung 7
   Der Streit um die Kuppel 14
   Das Parlament in Betrieb 18

Die Bühne der Ersten Republik, 1918 – 1933 23

Der große Brand 31

Diktatur, »Germania«, Krieg, 1933 – 1945 38

Volkshaus im Wartestand, 1945 – 1990 45
   Die Graffiti im Reichstag 48

Neugestaltung nach der Einheit, 1990 – 1999 53
   Noch ein Kuppelstreit 53
   Die Verhüllung 54

Touristische Attraktion und parlamentarischer Normalbetrieb, seit 1999 57

Anhang 61
   Praktische Informationen 61
   Literaturempfehlungen 62
   Abbildungsnachweis / Der Autor 63
   Chronik 64

Vor dem Reichstag, 2013

Einleitung

Kein anderes Bauwerk fängt die Brüche, Desaster und Erfolge der neueren deutschen Geschichte auf so sinnfällige Weise ein wie das Reichstagsgebäude. Wer heute auf dem Platz der Republik vor dem Monumentalbau steht, sieht dessen historisches Mauerwerk als Hülle eines modernen Parlamentssitzes. Heute liegen Platz und Gebäude im repräsentativen Herzstück der Hauptstadt, das die Berliner Republik für sich geschaffen hat. Bundeskanzleramt und Bundestagsbauten liegen in einem Stadtraum, den NS-Diktatur und Krieg zerstört hatten. Die alte Bausubstanz des Reichstags bildet eine Kontinuität inmitten eines architektonischen Neubeginns auf der grünen Wiese.

Der Reichstag ist das einzige Haus, das jemals eigens für ein gesamtdeutsches Parlament errichtet wurde. In den 1870er Jahren auf den Weg gebracht, symbolisierte es die Reichseinigung unter Führung Preußens, welche die deutschen Fürsten 1871 im Versailler Schloss vollzogen hatten. Immerhin war der Reichstag nach Kaiser und Reichskanzler die wichtigste gesamtdeutsche Institution, die sich noch dazu aus Vertretern sämtlicher Länder und zahlreicher gesellschaftlicher Gruppen zusammensetzte.

Trotz dringenden Bedarfs und des großen repräsentativen Gewichts dauerte es beinahe zweieinhalb Jahrzehnte, bis der Reichstag seiner Bestimmung übergeben wurde. Er zog ästhetische Kritik auf sich, während das Parlament selbst im Machtgefüge zwar gegenüber den monarchischen Elementen an Gewicht gewann, aber weit von einer starken Stellung wie etwa zeitgleich derjenigen des britischen Unterhauses entfernt blieb. Erst gegen Ende des Ersten Weltkriegs wurde die Verfassung des Kaiserreichs parlamentarisiert, in der Hoffnung, günstigere Friedensbedingungen zu erhalten. Doch die Monarchen verschwanden und vom Reichstag herunter wurde die Republik ausgerufen.

Die Weimarer Konstitution sprach den Parlamentariern eine starke Stellung zu, die von den Gegnern der Republik von Beginn an angefeindet wurde. Die Kämpfe um die demokratische Ordnung fanden nicht zuletzt im Reichstag statt, der mit seinem großen Vorplatz auch als Bühne für Gedenkfeiern und Staatsbegräbnisse diente. Am Ende waren es nicht zuletzt die Schwächen der optimistischen Weimarer Verfassung, die zum Sturz der Republik beitrugen. Das Ende der Freiheit leiteten die Flammen ein, die Ende Februar 1933 den Plenarsaal zerstörten.

Von den Nationalsozialisten kaum genutzt – das braune Operettenparlament tagte gegenüber im Kroll'schen Etablissement –, blieb das Gebäude relativ »unbelastet«. Dennoch erhob die Sowjetführung gegen Kriegsende den Bau zum Siegespreis im Kampf um Berlin. Davon zeugen Graffitis der Rotarmisten, von denen viele bis heute zu sehen sind.

In der Nachkriegszeit fanden vor dem Reichstag mehrere historische Massenkundgebungen statt. Mitte der fünfziger Jahre wurde vom Bonner Bundestag der Wiederaufbau beschlossen, auch um den gesamtdeutschen Hauptstadtcharakter Berlins zu unterstreichen. Im Oktober 1990 tagte dort schließlich ein deutsches Parlament. Den Umzug von Bonn in das umfassend modernisierte Gebäude vollzog der Bundestag 1999. Seitdem herrscht, nach einem Jahrhundert voller Wirren, Verbrechen und Aufbrüche, parlamentarischer Normalbetrieb.

Für Kaiser, Reich und Parlament, 1871 – 1918

In seiner Grundsubstanz ist das Reichstagsgebäude Produkt und Symbol des Kaiserreichs. Obwohl es in seiner Wucht den Eindruck erweckt, als ob es niemals in anderer Form und an anderem Ort hätte entstehen können, gingen seiner Fertigstellung allerhand Streitigkeiten voraus. Diese waren auch in der Einmaligkeit des Projekts begründet – bis heute ist das Haus zwischen Spree und Brandenburger Tor das erste und einzige, das je für ein gesamtdeutsches Parlament geschaffen wurde.

Der lange Weg zur Grundsteinlegung

Als am 21. März 1871 Kaiser Wilhelm I. den Reichstag des neu gegründeten Deutschen Reichs im Weißen Saal des Berliner Schlosses feierlich eröffnete, gab es in der neuen gesamtdeutschen Hauptstadt kein Parlamentsgebäude, das eigens für seinen Zweck errichtet worden war. Die beiden Kammern, die der König von Preußen nach der gescheiterten Revolution von 1848 ins Leben gerufen hatte, tagten in nach ihren Bedürfnissen umgebauten Räumlichkeiten. Dort, im Sitzungslokal des Preußischen Abgeordnetenhauses am Dönhoffplatz (heute Marion-Gräfin-Dönhoff-Platz) fanden die 382 Abgeordneten aus Nord- und Süddeutschland zunächst Unterschlupf, doch litten die Volksvertreter im Plenarsaal unter schlechter Luft und unvorteilhafter Akustik. Die verwinkelten und zu kleinen Nebenräume des »Fuchsbaus« waren für die parlamentarische Arbeit wenig geeignet.

Die Bedingungen hatten die Gastgeber aus dem preußischen Unterhaus schon vier Jahre zuvor genötigt, einen Ausschuss für einen Neubau zu bestimmen. Auch der Reichstag diskutierte sogleich über eine neue Tagungsstätte und wählte rund zwei Monate nach seiner Konstituierung eine Baukommission. Der nationalliberale Abgeordnete August Braun formulierte in seinem Antrag zur »Errichtung eines monumentalen Parlamentshauses«, dass das Gebäude »nicht bloß die notdürftige Unterkunft für den Reichstag, den Bundesrat und das Bundeskanzleramt bieten soll, sondern daß es überhaupt in einem großartigen, monumentalen Stile ausgeführt wird, daß es sozusagen der Schlußstein der deutschen Einigung sein soll, daß endlich auch die Räume geschaffen werden, in welchen die deutschen Künstler die großen Ereignisse des Jahres 1870 in Malerei und Bildhauerei verherrlichen können«.

Reichskanzler Otto von Bismarck sah ebenfalls den Notstand und hatte schon Wochen vor der ersten Reichstagssitzung in einem Brief an den König festgestellt: »Die Herstellung eines eigenen Parlamentsgebäudes für den Reichstag, in zweckentsprechender Verbindung mit den für den Bundesrath bestimmten Räumlichkeiten und den Bureaus des Bundeskanzler-Amtes läßt sich in der That ohne die erheblichsten Unzuträglichkeiten nicht länger hinausschieben.«

Dem Fürsten schwebte eine Zentrale der Macht vor, in der die, vom Kaiser einmal abgesehen, drei wichtigsten zentralen Institutionen des neuen Reichs versammelt sein sollten. Da eine Neuplanung in kurzer Zeit nicht zu verwirklichen war und die Baukommission des Parlaments sich nicht über ein Provisorium einigen konnte, platzte Bismarck in eine Sitzung der Kommission

Das alte Reichstagsgebäude in der Leipziger Straße 4, vormals Königliche Porzellan-Manufaktur, um 1898

und verkündete, dass der zu überdachende Hof der Königlichen Porzellan-Manufaktur das Plenum vorübergehend aufnehmen solle. Der Reichstag nahm diesen Vorschlag am 15. Juni 1871 an, und schon am 16. Oktober bezogen die Volksvertreter ihr vorübergehendes Domizil in der Leipziger Straße 4. Wie eng es in der Übergangslösung zuging, wird daran deutlich, dass »ein Theil der Journalisten ... bis zum Schluß der vorigen Session in ungeeigneter Weise in einem Kellerraum neben Holzvorräthen und dem Maschinenraum untergebracht« werden musste, wie es später in der Raumbedarfsanalyse für den Neubau hieß. Der rasch fertiggestellte, von Baumängeln gezeichnete provisorische Reichstagsbau sollte schließlich 23 Jahre lang in Benutzung bleiben.

Unterdessen trieb die Baukommission den Neubau voran und machte sich auf die Suche nach einem geeigneten Bauplatz. Die vorherrschende Auffassung, dass die Würde des hohen Hauses einen freistehenden Bau verlangte, schloss ein Grundstück in der dicht bebauten Innenstadt aus. Unter den in Frage kommenden, an der alten westlichen Stadtgrenze gelegenen Bauplätzen kristallisierte sich der Standort des Palais Raczynski an der Ostseite des Königsplatzes als Favorit heraus.

Ohne über das Grundstück sicher verfügen zu können, machte ihn die Kommission zur Grundlage der Wettbewerbsausschreibung, die Ende 1871 veröffentlicht wurde. 102 Architekten aus dem In- und Ausland reichten Beiträge ein. Die zerstrittene Jury

Sitzung des Reichstags in der Leipziger Straße 4, um 1872

Der nie verwirklichte Siegerentwurf für den Reichstag von Ludwig Bohnstedt, 1872

aus Politikern und Architekten entschied sich überraschend für Ludwig Bohnstedt, der in Russland geboren und inzwischen in Gotha ansässig war. Ein solcher Hintergrund widersprach in den Augen der vielen Kritiker der nationalen Symbolkraft des Bauwerks, vor allem die Berliner Architektenschaft wollte einen der ihren mit dem Hauptstadtbau beauftragt sehen. Dass Bohnstedts Entwurf letztendlich nicht verwirklicht wurde, hatte aber – zumindest offiziell – allein mit den Querelen um den Bauplatz zu tun.

Der Königsplatz, ein Stück nördlich vor dem Brandenburger Tor gelegen, war ursprünglich einer der Exerzierplätze gewesen, die der Soldatenkönig Friedrich Wilhelm I. hatte einrichten lassen. Mitte der 1840er Jahre wurde die sandige Fläche in eine Grünanlage umgestaltet, an deren westlichem Rand das Etablissement Kroll mit großer Bühne und Gartenlokal entstand. Als sein Gegenüber ließ der aus Posen stammende Diplomat und

Kunstsammler Athanasius Graf Raczynski ein Palais errichten. König Friedrich Wilhelm IV. hatte seinem verdienten Gesandten das Grundstück zur Nutzung überlassen und dabei die Bedingung gestellt, dass der Graf seinen umfangreichen Bilderschatz zugänglich machte. So erhielt das Palais eine dem interessierten Publikum offenstehende Galerie.

Als der 83-jährige Graf im Sommer 1871 aus der Zeitung erfuhr, dass sein Palais enteignet werden und dem Parlamentsbau Platz machen sollte, wandte er sich empört an den Kaiser, der das Wort seines Bruders und Vorgängers nicht brechen wollte und, um weiteren Ärger zu vermeiden, für das Grundstück des Kroll'schen Etablissements als Alternative warb. Auch die Nordseite des Platzes kam in der Presse und unter den Abgeordneten ins Gespräch. Dann starb 1874 der Graf, dessen Erben sich zugänglicher zeigten. Nach jahrelanger Standortdebatte – der genervte Bismarck hatte schon mit einer Verlegung des Reichstags in eine andere Stadt gedroht – akzeptierten die Raczynskis die Enteignung, die nach einigem Feilschen mit 1,1 Millionen Mark entschädigt und 1883 vollzogen wurde.

Während des jahrelangen Geplänkels fiel der Siegerentwurf von 1872 stillschweigend unter den Tisch, der Reichstag lobte einen neuen Wettbewerb aus. Die Jury hatte 1882 zwischen 190 Vorschlägen zu wählen, die ausschließlich von Architekten »deutscher Zunge« eingereicht worden waren. Die Preisrichter votierten – nicht zuletzt wegen der überzeugenden Raumaufteilung – für den Beitrag »Für Stadt und Staat«, als dessen Urheber sich Paul Wallot aus Frankfurt am Main entpuppte. Dieser hatte seine Kunst zwar unter anderem an der Berliner Bauakademie gelernt und jahrelang in hauptstädtischen Ateliers gearbeitet, kam aber aus dem südlichen Deutschland, was eine kleine Sensation darstellte. Der Kaiser, sonst an künstlerischen Fragen gänzlich uninteressiert, äußerte sich und wünschte statt der Kuppel über dem Plenarsaal eine Kuppel über der Eingangshalle. Wallot arbeitete daraufhin seine Pläne um. Es war bezeichnend, dass das Parlament als der eigentliche Bauherr deutlich zurückhaltender agierte als der Monarch.

Wie ungleich die Macht zwischen Kaiser und Reichstag verteilt war, spiegelte auch die Grundsteinlegung am 9. Juni 1884 wider: Erst nach der kaiserlichen Familie, den Generalfeldmarschällen, den Vertretern der Reichsleitung und der preußischen Regierung durfte endlich auch der Reichstagspräsident drei Hammerschläge auf den Grundstein tun.

Der Reichstag von Osten, um 1900

Der Streit um die Kuppel

Die Kuppelfrage beschäftigte Jahre später erneut den Architekten und das sich als Bauherr aufspielende Staatsoberhaupt. Nachdem Wilhelm I. selbstherrlich die Verlagerung der Kuppel angeordnet hatte, wollte Wallot diesen Eingriff nach dessen Tod 1888 rückgängig machen und präsentierte den Abgeordneten eine neuartige Konstruktion aus Stahl und Glas, die der Ingenieur Hermann Zimmermann ausgetüftelt hatte. Doch wieder einmal erwies sich die Auffassung der Hausherren als zweitrangig, da sich der neue Herrscher Wilhelm II. noch viel mehr als sein Großvater dazu berufen sah, an dem Großprojekt »mitzutun« und über die Krönung des Gebäudes zu bestimmen. »Mein Sohn, das machen wir so«, sagte der Herrscher zu dem 18 Jahre älteren Architekten und wollte schon seine Änderungen einzeichnen. Doch Wallot entgegnete klar: »Majestät, das geht nicht.«

Wilhelm II. wollte möglichst viel Prestige für sich selbst und möglichst wenig für die Volksvertretung, die für ihn eine »Schwatzbude« war. Dass die Reichstagskuppel nach kaiserlichem Wunsch die Schlosskuppel nicht überragen sollte, ging damals in Berlin von Mund zu Mund; die Kuppel über »seinem« Neubau des Berliner Doms konnte ihm nicht groß genug sein, ebenso das »Nationaldenkmal« für seinen Großvater Wilhelm I. gegenüber dem Hauptportal des Schlosses. Die deutsche Einheit verkörperte nach des Kaisers Ansicht – der Kaiser.

Wilhelm II. griff Wallots Arbeit scharf an und nannte das Reichstagsgebäude den »Gipfel der Geschmacklosigkeit«, schadete aber mit seiner Wichtigtuerei dem eigenen Ansehen mehr als dem des Baumeisters. Immerhin gelang es Wallot, die Verschie-

Der Reichstag aus der Luft, 1932

bung der Kuppel ins Zentrum des Baues zu erreichen, bevor sein Verhältnis zum Kaiser allzu schwer belastet war. Die abermalige Versetzung der Kuppel erforderte weitreichende Änderungen der Zugangswege und der Belüftung, vor allem aber der Fassade zum Königsplatz, dem heutigen Platz der Republik: Da die Kuppel nicht mehr deren Mittelbereich dominierte, musste er anderweitig hervorgehoben werden. Die Lösung war eine massive Säulenstellung mit Giebel, die acht Meter über die Fassadenfläche hervorragte. Die hinter dem Haupteingang liegende Eingangshalle blieb von einer Kuppel überwölbt, wenn diese auch nicht mehr von außen sichtbar war.

Im internationalen Vergleich war der Berliner Parlamentsbau von seinen Dimensionen her bescheidener als seine Pendants in London, Wien oder Budapest. Der Stil folgte der interna-

Der Plenarsaal um 1900

tionalen Neorenaissance, die auch in den anderen europäischen Hauptstädten gebräuchlich war, Wallot selbst bewunderte das von Charles Garnier geschaffene Opernhaus in Paris. Der Kunsthistoriker Godehard Hoffmann folgert: »Die Architektur des Berliner Reichstagsgebäudes erweist sich […] im zeitgenössischen Kontext als weltoffener und fortschrittlicher, als fast alle Kritiker in unserem Jahrhundert rückblickend vermutet hatten.« Wallot vermied einen Stil, der als preußisch, bayrisch oder rheinländisch hätte gelten können, und suchte sich für seinen »Reichsstil« Vorbilder im Ausland: in Italien und Frankreich. Andererseits betonten der Bauschmuck und die Innenausstattung den nationalen Zweck des Baus: Die Wappen der deutschen Bundesstaaten und das deutsche Reichswappen am Hauptportal sowie die monumentale Germania darüber vermittelten eine klare Botschaft.

Das musste, bei allem Widerwillen, auch Wilhelm II. anerkennen, als er am 5. Dezember 1894 den Schlussstein legte. Dessen Inschrift nannte den Bau »ein Denkmal der großen Zeit, in welcher als Preis des schwer errungenen Sieges das Reich zu neuer Herrlichkeit erstanden ist«. Wie schon bei der Grundsteinlegung prägten Uniformen die Zeremonie, ein Satireblatt sprach von »Wallotsteins Lager«. Nach dem feierlichen Ereignis sollte der Kaiser nur noch ein einziges Mal das Haus betreten, als Reichskanzler Bernhard von Bülow 1906 einen Zusammenbruch erlitt. Einstweilen schrieb der Monarch zufrieden an seinen Intimfreund Philipp zu Eulenburg: »Die Einweihung des Reichsaffenhauses ging sehr feierlich und glänzend ohne einen Mißton vonstatten. Wallot schwamm in Seligkeit.«

Das Parlament in Betrieb

Die Meinungen zum neuen Parlamentshaus waren geteilt. Der Architekt und Kunsthistoriker Richard Streiter, der selbst der Bauleitung angehört hatte, bescheinigte ihm »eine gewisse Gedrungenheit und Knorrigkeit, eine kraftvolle, herbe Männlichkeit, gepaart mit vornehmem Ernst und würdevoller Größe«. Wallot habe »das Schöne überall, in den Werken aller Zeiten, aller Stile« gefunden. Eben dadurch sei er »in so hohem Maß ein moderner Künstler, ein echter Sohn seiner Zeit«.

Obwohl das Gebäudeinnere manchen Zeitgenossen schon bei der offiziellen Eröffnung zu üppig war, ging dessen künstlerische Ausgestaltung noch lange weiter. 1896 löste der Reichstag die Baukommission durch die Ausschmückungskommission ab, die noch bis in die Weimarer Republik hinein tätig sein sollte. Auf die Mitarbeit des Chefarchitekten musste sie allerdings bald verzichten, denn dieser hatte schon vor der Schlusssteinlegung eine Professur in Dresden angenommen. Als der von ihm beauftragte »Malerfürst« Franz von Stuck 1899 seinen Vorschlag für das Bundesratsfoyer präsentierte, stieß er auf die vehemente Ablehnung zahlreicher Abgeordneter, die mit der, wie sie fanden, künstlerisch wertlosen Arbeit auch den verantwortlichen Architekten angriffen und ihn so zum Rücktritt von seiner Tätigkeit am Reichstag bewegten. Bis zu seinem Tod im Jahr 1912 hatte Paul Wallot nichts mehr mit der weiteren Entwicklung seines Hauptwerks zu tun. Immerhin hatten die Abgeordneten endlich

Der große Wandelgang um 1930 ➤

die volle Verantwortung für ihr Haus übernommen. Dabei waren es gerade auch Linke wie der Sozialdemokrat August Bebel und der Radikalliberale Eugen Richter, die eine reiche Ausschmückung wünschten – sie sahen in ihr eine sichtbare Aufwertung des »Volkshauses« gegenüber den Palästen der Fürsten.
Während die künstlerische Ausstattung umkämpft blieb, war die technische über jeden Zweifel erhaben. Das Gebäude bot eine moderne Großküche, eine großzügige Bibliothek mit hellen Lesesälen, eine zentral gesteuerte, durch Temperaturfühler optimierte Lüftung und eine Rohrpostanlage. Was die Abgeordneten hingegen vermissten, war die gesellige Atmosphäre ihres provisorischen Sitzes in der Leipziger Straße. Insbesondere das neue Restaurant, wegen seiner bunten Fenster und der Gewölbedecke »Wallot-Bräu« genannt, blieb deutlich unbeliebter als sein Vorgänger und rutschte in die roten Zahlen. Die Journalisten wiederum hörten von ihren Plätzen im Plenarsaal deutlich schlechter als im Vorgängerbau. Und schließlich stellte sich ein empfindlicher Platzmangel ein, als 1907 endlich die von Bismarck vermiedenen, 40 Jahre lang geforderten Diäten beschlossen wurden und die Zahl der anwesenden Abgeordneten in die Höhe schnellte. Der Mangel an Büroraum zwang zum Einbau von 100 kleinen Räumen unter dem Dach, nicht selten mussten sich fünf oder sechs Abgeordnete ein Büro teilen.
Zwei Jahre vor dem Ende des Kaiserreichs erhielt der Reichstagsbau endlich seine Widmung über dem Hauptportal. »Dem Deutschen Volke« hatte bereits auf einer Planzeichnung Wallots aus den frühen 1890er Jahren gestanden und war von der Baukommission beschlossen worden. Aus unbekannten Gründen wurde die Inschrift jedoch ebenso wenig ausgeführt wie

Reichstagsgiebelfries mit Inschrift, 1932

der Gegenvorschlag des Kaisers »Der Deutschen Einigkeit«. Spötter bemerkten die Leerstelle und machten Vorschläge wie »Der Berliner Presse« oder, in Anspielung auf die uniformselige Schlusssteinlegung, »Dem Deutschen Heere«. Mitten im Ersten Weltkrieg erhielt der Architekt Peter Behrens den Auftrag, einen Schriftzug für den Reichstag zu entwerfen. Montiert wurden die aus Beutegeschützen der Napoleonischen Kriege gegossenen Buchstaben kurz vor Weihnachten 1916. Presse und Öffentlichkeit nahmen von dem Vorgang kaum Notiz.

Der Erste Weltkrieg bremste zunächst den Einflussgewinn des Parlaments im Gefüge der konstitutionellen Monarchie, der sich in den vorangegangenen zweieinhalb Jahrzehnten langsam, aber stetig vollzogen hatte, unter anderem aufgrund der relativen Schwäche der Reichskanzler nach Bismarck, des allgemeinen

Die erste Rede des neuen Reichskanzlers Prinz Max von Baden vor dem Reichstag, 5. Oktober 1918

Wahlrechts, der gestiegenen Wahlbeteiligung und der Einführung von Diäten 1907. In den ersten Kriegsjahren stimmten beinahe sämtliche Abgeordneten für die Kriegskredite, während die Macht zusehends in die Hände der Militärs überging. Die Friedensresolution des Reichstags vom Juli 1917 verhallte ohne Folgen, doch gelang es den Parlamentariern erstmals, Einfluss auf die Besetzung des Reichskanzleramtes zu nehmen. In den letzten Wochen des Ersten Weltkriegs beschleunigte die Reichsleitung die Parlamentarisierung der sterbenden Monarchie, um bei den Siegern einen günstigen Frieden zu erreichen. Diese bestanden aber auf der vollständigen Liquidierung des Kaisertums und der Fürstenherrschaft, so dass den alten Herrschern nur noch blieb, die Last der Niederlage auf ihre Nachfolger abzuwälzen.

Die Bühne der Ersten Republik, 1918 – 1933

Um die Mittagszeit des 9. November 1918 trat der SPD-Politiker Philipp Scheidemann an ein Fenster des Zeitschriftenlesesaales im Hauptgeschoss des Westflügels, um zu der Menge zu sprechen, die sich auf die Nachricht von der Abdankung des Kaisers hin vor dem Reichstag versammelt hatte. Da es hieß, dass Karl Liebknecht von der USPD vorhabe, seinerseits die Republik auszurufen, trat Scheidemann spontan auf einen Balkon der Westfassade und rief den Menschen sinngemäß zu:

»Arbeiter und Soldaten! … Der unglückselige Krieg ist zu Ende … Der Kaiser hat abgedankt, er und seine Freunde sind verschwunden … Das Alte und Morsche, die Monarchie ist zusammengebrochen. Es lebe das Neue! Es lebe die Deutsche Republik!«

Scheidemanns Worte hatten den Schlusspunkt unter die Monarchie gesetzt, aber die Republik noch nicht verwirklicht. Eine neue Verfassung musste beraten und beschlossen werden, und wo sonst als im Reichstag sollte dies geschehen? Dort beherrschten bewaffnete Revolutionäre die Szene, die Arbeiter- und Soldatenräte tagten in den Sitzungssälen. Das umkämpfte Berlin war für die Delegierten der Nationalversammlung zu unsicher, die Übergangsregierung bestimmte das Nationaltheater in Weimar zum Tagungsort.

Im April 1919 zogen die Revolutionäre aus dem Reichstag ab. Sie hinterließen beträchtliche Schäden, was eine Nutzung des Gebäudes vorerst unmöglich machte. Als die Nationalversammlung am 12. Mai eine Sitzung in Berlin abhielt, musste sie in die Aula der Universität ausweichen. Es dauerte bis zum 30. September,

Der Sicherheitsausschuss des Arbeiter- und Soldatenrates im Lesesaal des Reichstags, Ende 1918

Revolutionäre Soldaten im Reichstag, Ende 1918

ehe die Nationalversammlung erstmals an ihrem natürlichen Versammlungsort tagte, doch klangen Unruhen und Gewalt noch lange nicht ab. Anfang Oktober 1919 verletzte vor dem Reichstag ein Attentäter den Vorsitzenden der Unabhängigen Sozialdemokraten, Hugo Haase, tödlich.

Am 13. Januar 1920 demonstrierten 80 000 Menschen auf dem Königsplatz, während die Nationalversammlung das Betriebsrätegesetz verhandelte. Forderungen nach Sozialisierung und revolutionären Räten wurden laut, dann fielen aus der Menge Schüsse auf das Gebäude, dessen Erstürmung bevorzustehen schien. Die Sicherheitswehr des Reichstags schoss mit Maschinengewehren auf die Protestierenden, 42 Tote blieben zurück. Es war die erste blutige Auseinandersetzung um ein deutsches Parlament seit 1848. Wenige Tage später stimmten die Abgeordneten für ein Bannmeilengesetz, doch schon im März 1920 mussten sie der Gewalt weichen, als Freikorpsangehörige auf Befehl der rechtsnationalen Putschisten Walther von Lüttwitz und Wolfgang Kapp für kurze Zeit den Reichstag besetzten, ohne aber die junge Republik zu Fall bringen zu können. Das prominenteste Opfer der politischen Gewalt in den frühen zwanziger Jahren war Walther Rathenau, der am 24. Juni 1922 von rechtsradikalen Attentätern erschossen wurde. Die Trauerfeier für den ermordeten Außenminister war ein zeremonieller Höhepunkt in der Geschichte der jungen Republik.

Weitere große Ereignisse, die im und vor dem Reichstag begangen wurden, waren das Begräbnis von Reichspräsident Friedrich Ebert 1925, die Vereidigung von dessen Nachfolger Paul von Hindenburg im selben Jahr, die Verfassungsfeier oder das Staatsbegräbnis für Außenminister Gustav Stresemann, beides 1929.

Während bis 1918 das Schloss der zeremonielle Mittelpunkt des Staates gewesen war – seit 1871 hatten dort unter anderem sämtliche Reichstagseröffnungen stattgefunden –, wurden in der Weimarer Zeit das Parlamentsgebäude und sein Vorplatz zur guten Stube der Republik und zu ihrem Symbol.

Diese Entwicklung verschärfte die Frage, wie die Abgeordneten mit den Symbolen der untergegangenen Ordnung umgehen sollten. Die SPD hatte eine klare Haltung und agitierte für die umfassende Beseitigung aller monarchistischen Hoheitszeichen sowie für die Umbenennung von Straßen und Plätzen. Während der Trauerfeier für Rathenau verhüllten die Organisatoren das Reiterstandbild Wilhelms I. in der Eingangshalle, und wenige Wochen später bestimmte das Hohe Haus einen Ausschuss, um »die am Gebäude sehr reichlich vorhandenen monarchistischen und kriegerischen Symbole zu reduzieren bzw. umzugestalten«. Der Ausschuss bat Edwin Redslob, als sogenannter Reichskunstwart für die künstlerischen Angelegenheiten der Reichsbehörden zuständig, um ein Gutachten, das den engen Zusammenhang von Architektur und Bauschmuck hervorhob. »Es würde dem Geist des Ganzen gröblichst widersprechen und die Gesamtwirkung des Baudenkmals aufs schwerste beeinträchtigen, sollte man an einzelnen Stellen diese Motive entfernen.« Der Schöpfer des Baus habe das Recht, »daß diese künstlerische Leistung im Original so erhalten bleibt, wie der Künstler sie hervorgebracht hat«. Daraufhin wurden lediglich die Kronen auf den Fahnenmasten der Ecktürme entfernt. Von weit größerer Symbolkraft war die von den SPD- und KPD-Stadtverordneten beschlossene Umbenennung des Königsplatzes in Platz der Republik, die 1926 wirksam wurde.

Verfassungsfeier am 11. August 1924 im Reichstag im Beisein des Reichspräsidenten Friedrich Ebert in der Ehrenloge

In den zwanziger Jahren verstärkte sich die Raumnot des Parlaments. Von Anfang an waren die Arbeitsmöglichkeiten der Abgeordneten eingeschränkt gewesen, deren Zahl nun auch noch auf 423 im Jahr 1919 und dann auf 577 im Jahr 1930 stieg. Noch dazu wuchs die Bibliothek schneller als von den Planern in den 1880er Jahren berechnet. Der Reichstag erwarb Grundstücke nördlich des Wallot-Baus und veranstaltete 1927 einen Wettbewerb für eine Erweiterung, dessen Ergebnis konzeptionell umstritten blieb. Auch ein weiterer Wettbewerb, der wie schon der erste unsauber ausgeschrieben wurde, brachte nichts Realisierbares ein. Unter anderem war unklar, wie die Gesamtgestaltung für den Platz der Republik in Zukunft aussehen sollte und wie

Trauerzug für den verstorbenen Reichsaußenminister Gustav Stresemann vor dem Reichstag, Oktober 1929

sich die Ergänzungsbauten darin einfügen sollten. Auch über die Einschätzung und Umgestaltung von Wallots Schöpfung wurde wieder gestritten. Baurat Ludwig Hoffmann nannte den Bau einen »Leichenwagen Erster Klasse«, und Peter Behrens hatte den Einfall, »sämtliche Formen glatt von seinem Körper abzurasieren« beziehungsweise ihn vollständig zu umbauen. Selbst ein vollständiger Abbruch war nur 30 Jahre nach der Fertigstellung im Gespräch.

Wie hätte eine großangelegte Umgestaltung des Parlamentssitzes ausgesehen? Hätte der Weimarer Staat eine kraftvolle Demonstration der Volkssouveränität hervorgebracht? Bekanntlich ruhte die republikanische Staatsform nicht auf einem breiten gesellschaftlichen Konsens. Die Repräsentation des Volkswillens stand in einem permanenten Widerspruch mit sich selbst, da die vielen Republikfeinde in der Bevölkerung Vertreter wählten, die ihr Mandat geringschätzten, wenn nicht verachteten. Zu dieser republikfeindlichen Mentalität kamen Mängel der Verfassung hinzu: Das reine Verhältniswahlrecht beförderte die Zersplitterung der Parteienlandschaft. Das Verfassungsorgan Reichstag war relativ schwach, denn die starke Stellung des Reichspräsidenten, der, wie zuvor der Kaiser, den Reichstag auflösen und mit Notverordnungen regieren konnte, ging zu seinen Lasten. Diese Konstruktionen wirkten sich in fataler Weise aus, als die Feinde der Demokratie an Stärke gewannen.

Ein von Rechtsradikalen verübter, glimpflich verlaufener Bombenanschlag an der Nordseite des Reichstagsgebäudes läutete am 1. September 1929 die Zerstörung der Weimarer Demokratie ein. Im Jahr darauf gewannen Kommunisten und Nationalsozia-

Volkstrauertag im Plenarsaal, 1929

Vor der Eröffnung des fünften Weimarer Reichstags, 13. September 1930

listen zahlreiche Sitze hinzu, das Hohe Haus wurde ein Kampfplatz der Radikalen. Die zahlreichen nationalsozialistischen Abgeordneten sorgten für ein Maß an Tumult und Gewalt, das selbst für den tief gespaltenen Reichstag jener Jahre unerhört war. Da es keine parlamentarischen Mehrheiten mehr gab, ging die Regierungsgewalt im Frühjahr 1930 an den Reichspräsidenten über, die Sitzungen des Reichstags wurden seltener. Im Jahr 1932 wurde dieser gleich zweimal aufgelöst. Als stärkste Partei stellte die NSDAP ab August jenes Jahres mit Hermann Göring den Parlamentspräsidenten. Die letzte Sitzung des Reichstags in seinem angestammten Haus fand am 9. Dezember 1932 statt und endete mit einer Vertagung auf unbestimmte Zeit. Erst am 4. Oktober 1990 sollte wieder ein deutsches Parlament im Wallot-Bau zusammenkommen.

Passanten vor dem brennenden Reichstag am 28. Februar 1933 ▶

Der große Brand

Das Feuer im Reichstag am Abend des 27. Februar 1933 veränderte Deutschland und die Welt. Kurz nach 21 Uhr beobachtete ein Passant, wie jemand in das Restaurant im Hauptgeschoss einstieg. Bald darauf waren Flammen im Restaurant sichtbar, Polizei und Feuerwehr waren rasch informiert. Die eintreffenden Löschtrupps stießen im Plenarsaal auf offene Feuer um das Rednerpult, bald brannte die gesamte reiche Holzausstattung des Saals. Unterdessen kontrollierten der Hausinspektor des Reichstags und ein Schutzpolizist das Hauptgeschoss und stellten einen jungen Mann mit nacktem Oberkörper. Der Hausinspek-

tor schrie den mutmaßlichen Brandstifter an: »Warum hast du das gemacht?« Der erwiderte: »Protest, Protest!« Marinus van der Lubbe wurde im Polizeirevier am Brandenburger Tor in Haft genommen.

Die Flammen erleuchteten die Kuppel und schlugen aus ihr heraus, bis nach Charlottenburg war der Brand zu sehen. Die Feuerwehr konnte nicht mehr tun, als mit großen Mengen Wasser den Plenarsaal zu kühlen und zu verhindern, dass weitere Teile des Hauses in Mitleidenschaft gezogen wurden. Während

Der ausgebrannte Plenarsaal, Anfang März 1933

der große Saal völlig zerstört und einige Nebenräume beschädigt wurden, blieb der größte Teil des Gebäudes unbeschädigt.
Hermann Göring, seit einem halben Jahr Reichstagspräsident, erreichte um Viertel vor zehn das brennende Gebäude. Adolf Hitler und Joseph Goebbels trafen kurz nach 22 Uhr an der Brandstätte ein. Als sie den Bau betraten, schloss sich ihnen ein englischer Journalist an. Er berichtete am folgenden Tag im *Daily Express,* wie die Gruppe um Hitler auf Göring stieß, der sofort herausplatzte: »Das ist zweifellos das Werk von Kommunisten.« Hitler warf einen Blick auf das Feuer und wandte sich dann an seine Begleiter: »Gebe Gott, dass dies das Werk der Kommunisten ist. Sie sind Zeugen des Beginns einer großen neuen Epoche der deutschen Geschichte. Dieses Feuer ist der Anfang. Sie sehen dieses brennende Gebäude. Wenn der kommunistische Geist auch nur zwei Monate von Europa Besitz ergreift, wird alles verglühen wie dieses Gebäude hier!«
Noch in derselben Nacht rückte die Polizei auf Befehl Görings, der auch preußischer Innenminister war, aus und nahm allein in Berlin bis zum Morgen des 1. März 200 kommunistische Funktionäre und prominente Linke fest. Die am nächsten Morgen von Hindenburg unterzeichnete »Verordnung zum Schutz von Volk und Staat« setzte die meisten Grundrechte außer Kraft und verhängte den Ausnahmezustand; mit ihr erhielt das »Dritte Reich« sein Grundgesetz. Zur gleichen Zeit traten die SA-Milizen auf den Plan und setzten mit großer Grausamkeit das von der Polizei begonnene Werk fort.
Im Gegensatz zu Hitlers Verschwörungstheorie beharrte der am Tatort gefasste Verdächtige Marinus van der Lubbe auf seiner Alleintäterschaft. Der gelernte Bauarbeiter, der seinen Beruf

wegen einer Sehbehinderung nicht ausüben konnte, hatte sich als anarchistischer Aktivist betätigt und war ziellos durch halb Europa gewandert. Nach eigener Aussage hatte ihn der Aufstieg der Nationalsozialisten dazu veranlasst, mit der Brandstiftung in einem öffentlichen Gebäude ein Zeichen gegen die Untätigkeit der Arbeiterschaft zu setzen. In den Vernehmungen und Ortsbegehungen im Reichstag waren seine Äußerungen nicht immer schlüssig, die Ermittlungsbeamten, die ihn mit permanenten Verhören traktierten, waren sich uneinig, ob sie ihm glauben sollten. Unterdessen war sein Tod schon beschlossene Sache: War für Brandstiftung bislang eine Zuchthausstrafe vorgesehen, veranlasste Reichsinnenminister Wilhelm Frick eine rückwirkende – und damit rechtswidrige – Gesetzesänderung, die sie zu einem todeswürdigen Verbrechen erklärte.

Nur wenige glaubten an die alleinige Schuld van der Lubbes. Bereits unter den Zuschauern der Brandkatastrophe lief das Gerücht von einer nationalsozialistischen Täterschaft um. Zahlreiche Zeitgenossen im In- und Ausland gründeten diese Theorie auf die Vorteile, die die Nationalsozialisten sechs Tage vor der Reichstagswahl aus dem Vorfall zogen. Noch dazu setzten geflohene Kommunisten, die dem verleumderischen Vorwurf des Hochverrats ausgesetzt waren, frei erfundene »Fakten« über die Schuld der Nationalsozialisten in die Welt.

Das Publikum sah sich zwei einander widersprechenden Vorwürfen gegenüber: Die Nationalsozialisten erklärten die Kommunisten für schuldig, die Kommunisten die Nationalsozialisten, und van der Lubbe wurde zum bloßen Werkzeug der jeweils anderen Seite erklärt. Den neuen Machthabern spielte in die Hände, dass die Behörden drei bulgarische Kommunisten verhafteten, die ein

Kellner zusammen mit van der Lubbe gesehen haben wollte. Einer von ihnen war der leitende Komintern-Funktionär Georgi Dimitroff. Die NS-Presse verbreitete sogleich, dass die drei Bulgaren die Drahtzieher hinter der Brandstiftung seien. Als ab dem 21. September das Reichsgericht den Fall verhandelte, zählten die drei zusammen mit van der Lubbe zu den Angeklagten. Fünfter Angeklagter war Ernst Torgler, der Fraktionsvorsitzende der KPD im Reichstag, der sich freiwillig gestellt hatte, um seine Unschuld darzulegen.

Die Sitzungen, die im Oktober aus praktischen Erwägungen nach Berlin verlegt und von da an im zweitgrößten Sitzungssaal des Reichstags abgehalten wurden, glichen weder einem Schauprozess noch einem rechtsstaatlichen Verfahren. Die Angeklagten hatten vor dem Prozessbeginn

Ortsbegehung im Heizungstunnel während des Reichstagsbrandprozesses am 18. Oktober 1933

Misshandlungen zu erdulden; der nationalkonservative Vorsitzende Richter Wilhelm Bünger hatte für die Angeklagten wenig übrig, gewährte ihnen aber ihre Rechte. Sowohl die vier mehr oder weniger schlampigen Brandgutachten als auch das Urteil gingen von mehreren Tätern aus, die Urteilsbegründung sprach sogar ausdrücklich von Kommunisten. Andererseits waren die Vorwürfe gegen Torgler und die drei Bulgaren viel zu vage für eine Verurteilung; sie wurden aus Mangel an Beweisen freigesprochen. Marinus van der Lubbe erhielt unter Verletzung des Rückwirkungsverbots die Todesstrafe.

Dieses Ergebnis der Verhandlungen war eine klare propagandistische Niederlage für die Nationalsozialisten, allen voran für Göring, der sich von Dimitroff zu Ausfällen gegen die »ausländischen kommunistischen Gauner« hatte provozieren lassen. Van der Lubbe wurde am 10. Januar 1934 enthauptet. Die vier Freigesprochenen wurden, gleichsam aus Ärger der NS-Führung über das für sie unbefriedigende Ergebnis, nach der Urteilsverkündung umgehend in »Schutzhaft« genommen. Die Bulgaren bekamen Mitte Februar 1934 von Stalin die sowjetische Staatsbürgerschaft verliehen und wurden daraufhin in die Sowjetunion ausgewiesen, zwei von ihnen landeten später in den stalinistischen Straflagern. Torgler blieb noch bis 1936 in Haft.

Nach dem Krieg entspann sich eine heftige Auseinandersetzung darüber, wer den Reichstag angesteckt hatte. Während sämtliche verfügbaren, nicht immer eindeutigen Informationen auf den Alleintäter van der Lubbe verweisen, gibt es für eine nationalsozialistische Verschwörung nur Ungereimtheiten und zweifelhafte Indizien, die nur von einer kleinen Minderheit der Fachhistoriker ernst genommen werden. Eine gewisse Berühmtheit hat der – je nach Standpunkt – mehr oder weniger geheimnisvolle Heizungstunnel gewonnen, der den Reichstag mit dem Kessel- und Maschinenhaus 120 Meter weiter östlich sowie mit dem dazwischen gelegenen Reichstagspräsidentenpalais verband. Durch ihn seien, so die These von der NS-Verschwörung, die SA-Brandstifter mittels Nachschlüsseln eingedrungen. Die Gegenseite verwies stets darauf, dass der Gang nach Dienstschluss an beiden Enden abgeschlossen worden sei.

Hinter dem Streit der Historiker steht die Frage, welches Bild man sich von den Nationalsozialisten macht. Waren sie kaltblütige, manipulative Verschwörer, oder verfolgten sie ihre Ziele, indem sie spontan auf die jeweilige Lage reagierten? Für beides gibt es gut belegte Beispiele: 1939 diente der vorgetäuschte Überfall auf den Sender Gleiwitz als Vorwand für den Einmarsch in Polen; 1938 gab die Nachricht vom Tod des Diplomaten Ernst vom Rath, auf den der 17-jährige Herschel Grynszpan ein Attentat verübt hatte, der in München versammelten NS-Führung den Vorwand, durch SA und SS die Novemberpogrome gegen die deutschen Juden initiieren zu lassen. Ähnlich wie die Pogrome wurde offensichtlich auch die Verfolgung der Linken entfesselt: Hitler, Göring und Frick nutzten spontan die Tat eines Einzelnen, um massenhafte Gewaltanwendung zu rechtfertigen und der sich festigenden Diktatur eine Rechtsgrundlage zu geben.

Diktatur, »Germania«, Krieg, 1933 – 1945

Die nächste rechtliche Rahmung der NS-Diktatur, das sogenannte Ermächtigungsgesetz, verabschiedete der bereits verstümmelte, von SA umstellte Reichstag im gegenüberliegenden Ausweichquartier, dem Kroll'schen Etablissement. Hitler appellierte an die Abgeordneten, »uns zu genehmigen, was wir ohnedem hätten nehmen können«. Sein Antrag, dass die Regierung ermächtigt werde, unabhängig von Parlament und Reichspräsident Gesetze zu erlassen, erhielt die notwendige Zweidrittelmehrheit. Allein die SPD stimmte mit Nein, während das Protokoll zynisch die Zustimmung der nicht anwesenden, weil eingesperrten KPD-Vertreter verzeichnete. In den folgenden zwölf Jahren starben mindestens 88 Angehörige der neun von 1919 bis 1933 gewählten Reichstage einen gewaltsamen Tod, rund 200 saßen in Haft, Hunderte weitere erhielten Publikationsverbot, wurden beruflich benachteiligt oder emigrierten.

Einige Wochen später wurde die Umbenennung des Königsplatzes in Platz der Republik rückgängig gemacht. Ende 1933 saßen nur noch Nationalsozialisten im Reichstag, den das Regime, trotz aller Verachtung für den Parlamentarismus, formal am Leben erhielt. Es fanden im November 1933, dann 1936 und 1938 »Wahlen« statt, die Abgeordneten erhielten weiterhin Diäten, die 304 Mitarbeiter starke Verwaltung blieb dank Görings Fürsprache gegen alle Sparvorschläge intakt, ohne noch eine Funktion zu haben. Nur 19 Mal trat der braune Reichstag zusammen, um Hitler als Publikum für seine Reden zu dienen, ihm zu applaudieren und zum Abschluss Nationalhymne und Horst-

Das Kroll'sche Etablissement 1933

Wessel-Lied zu singen. Der Volksmund sprach vom »teuersten Gesangsverein der Welt«. Und er wurde noch teurer – da die »Wahlen« der NS-Zeit nach wie vor nach dem Verhältniswahlrecht abgehalten wurden und die Wahlbeteiligung sehr hoch war, zählte das 1938 gewählte »großdeutsche« Operettenparlament ganze 814 Abgeordnete.

Während das selten zusammentretende Plenum in das Kroll'sche Etablissement auswich, arbeiteten Verwaltung und Bibliothek des Reichstags weiterhin im Wallot-Bau. Auch die Bibliothek des Preußischen Landtags fand dort Anfang 1936 Platz, als Göring dessen Gebäude in der Prinz-Albrecht-Straße zum »Haus der Flieger« umfunktionierte. Insgesamt standen nun rund 450 000 Bände im Reichstagsgebäude, die von Mitarbeitern der

umliegenden Ministerien sowie von Volkswirtschafts- und Jurastudenten eifrig genutzt wurden. Gelegentlich vermietete die Verwaltung Räumlichkeiten für Kongresse. Ende 1937 zeigte die Berliner NSDAP-Gauleitung dort die Propagandaausstellung »Bolschewismus ohne Maske«, ein Jahr später wurde in dem Parlamentsbau die ebenso hetzerische Schau »Der ewige Jude« präsentiert. Der ausgebrannte Plenarsaal blieb unter der instandgesetzten Glaskuppel kahl und ungenutzt.

Seit dem 30. Januar 1937 amtierte Albert Speer als »Generalbauinspektor für die Reichshauptstadt«, die gigantomanischen Planungen für den Umbau Berlins zu »Germania« liefen an. Da das Kroll'sche Etablissement weichen sollte, fasste Hitler das Reichstagsgebäude als neuen und alten Tagungsort für seine Parlamentsstatisten ins Auge und ordnete an, den Plenarsaal mit einer größeren Zahl von Plätzen wiederaufzubauen. Verwaltung und Bibliothek waren bereits ausgezogen, als der Kriegsbeginn die Verwirklichung der Pläne unterband. Ab 1940 bauten Speers Mitarbeiter Architekturmodelle im Reichstag auf und erwogen zugleich die Beseitigung ihrer Arbeitsstätte. Hitler lehnte ab und bemerkte: »Eines Tages wird dieses Haus verehrungswürdig sein, weil die Nationalsozialisten in ihm kämpften.«

Neben der »Halle des Volkes«, in der mehr als 100 000 Menschen Platz finden sollten, hätte der Reichstag lächerlich klein gewirkt. Michael Cullen vermutet, dass er aus eben diesem Grund stehen bleiben sollte. So blieb das Haus erhalten, während

◀ SA-Trauerfeier für Reichspräsident Paul von Hindenburg am 7. August 1934, Blick vom Reichstag auf Siegessäule und Bismarckdenkmal

die Gebäude im Spreebogen bis auf die Schweizer Botschaft und das Kroll'sche Etablissement den »Germania«-Plänen weichen mussten. Nach den ersten Kriegserfolgen sahen die Planungen Hitlers und Speers dann einen größeren »Neuen Reichstag« nördlich des alten vor, der zur Bibliothek degradiert worden wäre.

Statt zur Bibliothek wurde der Bau aber zum Bunker. Nach dem ersten Bombenangriff auf Berlin im Sommer 1940 ließ Hitler im Keller Schutzräume für Kinder und Wöchnerinnen einbauen. Das Archiv für Wehrmedizin nutzte ab 1941 die Räumlichkeiten. 1943 intensivierten sich die Luftangriffe, und die Charité verlegte einen Teil der Entbindungsabteilung in den Keller des Reichstags. Die Luftwaffe überlegte, auf den Ecktürmen Flakgeschütze aufzustellen.

Als Hitler Berlin Anfang Februar 1945 zur Festung erklärte, hatte der Reichstagsbau noch keine schweren Schäden davongetragen. Er bildete einen Bestandteil des innersten Verteidigungsrings, der das Regierungsviertel in und um die Wilhelmstraße schützen sollte. Anfang April verschlossen Maurer die Fensteröffnungen und ließen dabei kleine Öffnungen als Schießscharten frei. Währenddessen erklärte Stalin das Gebäude, das einst für die Weimarer Demokratie gestanden hatte und von Hitler kaum je betreten, geschweige denn für große Redeauftritte genutzt worden war, zur glänzendsten Trophäe im Endkampf um die Hauptstadt. Der Reichstagsbrand, der das Signal zur Verfolgung der deutschen Kommunisten gegeben hatte, war, wie es scheint, in Moskau unvergessen. Die Marschälle Iwan Konew und Georgi Schukow wetteiferten darum, die »Höhle der faschistischen Bestie« zuerst einzunehmen. Den Regimentern wur-

Soldaten der Roten Armee mit der sowjetischen Fahne auf dem Reichstag, Foto von Jewgeni Chaldej, 2. Mai 1945

den feierlich rote Fahnen überreicht, die sie auf dem Dach des Reichstags aufpflanzen sollten.

Am 29. April feuerten Rotarmisten die ersten von insgesamt 1400 Artilleriegeschossen auf den Reichstag ab. Die Tage bis zur endgültigen Einnahme am 2. Mai erhob die sowjetische Propaganda zur letzten großen Bewährungsprobe des Kriegs, mit Sturmangriff und tagelangem Nahkampf im Gebäudeinnern, auch jüngere Darstellungen beschreiben eine blutige Schlacht. Ohne Zweifel war der Spreebogen hart umkämpft, auf beiden Seiten starben Hunderte Soldaten. Wie die Einnahme des Reichstags im Einzelnen aussah, bleibt unklar. Deutsche Zeitzeugen berichteten von schwerem Artilleriefeuer auf das Haus und einem kampflosen Rückzug in den ersten Stunden des 2. Mai, nicht aber von Nahkämpfen.

Das Bild der roten Fahne auf dem Reichstag avancierte zum Symbol des sowjetischen Sieges über das nationalsozialistische Deutschland. Erste Rotarmisten gelangten nach eigener Aussage bereits am späten Abend des 30. April auf das Dach des Reichstags. Am Morgen des 2. Mai schoss dann Jewgeni Chaldej sein berühmtes Foto, für das er die Fahne eigens befestigen ließ. »Nicht nur die Fahne, die gesamte Szene ist gestellt. Chaldej sucht lange nach der richtigen Komposition, findet sie schließlich und schießt so viele Fotos, dass er einen ganzen Film mit über dreißig Bildern verbraucht.« (Glasenapp 2009, 54)

Chaldejs Bild schließt die ikonografische Klammer, die der Reichstag um die NS-Herrschaft bildet. Obwohl für die Nationalsozialisten uninteressant, steht der brennende Bau von 1933 für den Beginn, die qualmende Ruine von 1945 für das Ende der NS-Herrschaft.

Volkshaus im Wartestand, 1945 – 1990

Im Mai 1945 lag der Reichstag in Trümmern, und auch von Archiv und Bibliothek, die in die nähere Umgebung ausgelagert worden waren, überstanden nur geringe Reste den Krieg. In der Unübersichtlichkeit des kriegsversehrten Baus, der jede Menge schwer einsehbare Winkel für Menschen und Waren bot, fanden wenig später die Schwarzhändler ideale Bedingungen.

Was sollte aus dem beschädigten Wallot-Bau werden, der seit dem Sommer 1945 direkt an der Grenze des britischen zum sowjetischen Sektor lag? Der Berliner Magistrat beschloss 1947 seinen Abriss. Doch dazu kam es nicht. Am 18. März 1948 feierten 300 000 Menschen auf dem Platz der Republik den 100. Jah-

Das sowjetische Ehrenmal in Nachbarschaft des Reichstags, Juli 1946

Die Ruine 1946

restag der Wahlen zur Frankfurter Nationalversammlung und die Wiedereröffnung der Paulskirche, am 1. Mai kam eine halbe Million, und am 9. September beschwor Ernst Reuter die »Völker der Welt«, auf West-Berlin zu schauen, dessen Freiheit durch die sowjetische Blockade bedroht war. Diese Worte sollten die Entschlossenheit der Berliner in den Westsektoren stärken, den Entbehrungen der Blockade und den damit sichtbaren Gefährdungen der eingeschlossenen Stadt zu widerstehen.

Der Reichstag als Sinnbild der Freiheit stand wieder im Fokus politischer Hoffnungen. Auf der Maifeier 1950 erklärte der Bundesminister für gesamtdeutsche Fragen, Jakob Kaiser: »Das Reichstagsgebäude vor uns ist in den letzten Jahren zum Sinnbild der Solidarität aller Berliner geworden. Heute wird es klarer denn je: Dieses Haus der Deutschen muß möglichst schnell wieder auf- und ausgebaut werden, um Bundestag, Bundesrat und Bundesregierung aufzunehmen.«

Trotz solcher Unterstützung blieben die Vorbehalte gegen den kaiserzeitlichen Reichstagsbau groß. Doch im Oktober 1955 beschloss der Bundestag in Bonn, Geld für die Ausschreibung einer Wiederherstellung des Reichstagsgebäudes bereitzustellen,

ohne zugleich die künftige Funktion des Hauses zu bestimmen. In den folgenden Jahren hielt das westdeutsche Parlament ausdrücklich daran fest, dass Berlin die deutsche Hauptstadt sei, und tagte 1956 bis 1958 dreimal an der Spree.

Weitere Mittel für Aufräum- und Sicherungsarbeiten wurden bereitgestellt, doch musste das Gebäude der Abneigung der bundesdeutschen Nachkriegszeit gegen alles Prunkvolle und Pathetische Tribut zollen, als Ende der fünfziger Jahre große Teile des Skulpturenschmucks abgeschlagen, die Türme gekappt und die Gewölbedecken teilweise herausgerissen wurden. Schon 1954 war das instabile Kuppelskelett gesprengt worden.

Der Architekt Paul Baumgarten gewann 1961 den Auftrag für den Ausbau des Westflügels. Er bestand darauf, das gesamte Haus in behutsamer Form wiederherzustellen, konnte sich in den langen Verhandlungen mit der Bundesbaudirektion, die im Auftrag des Bundestags als dem eigentlichen Bauherrn die Geschäfte führte, aber in vielem nicht durchsetzen. Die Kuppel, die er über seinen schlichten Plenarsaal setzen wollte, entfiel nach Einspruch der Baubeamten. Das Innendekor wurde beseitigt oder verschwand hinter Rigips- und Asbestplatten.

Die Graffiti im Reichstag

An das Ende des Zweiten Weltkriegs und der nationalsozialistischen Diktatur erinnern bis heute die Inschriften von Sowjetsoldaten im Innern des Reichstagsgebäudes. Hunderte Namenszüge in kyrillischer Schrift, datiert ab dem 2. Mai 1945, stehen in Gängen und Wandelhallen von Erd- und Plenarsaalgeschoss sowie in einem der Ecktreppenhäuser auf den Wänden. Auch eine Handvoll englischer Namen und solche in arabischen Buchstaben von Baschkiren aus Zentralasien gibt es. Die Soldaten schrieben vor allem mit verkohltem Holz, das überall in dem schwer beschädigten Gebäude herumlag, oder auch mit Kreide.

Einige Inschriften geben politische Parolen oder die – teilweise in obszönen Worten ausgedrückten – Gedanken der Rotarmisten am Ende des für die Sowjetunion äußerst opferreichen Krieges wieder. Sie betrachteten das Parlamentsgebäude tatsächlich als Machtzentrum des NS-Regimes: »Wir waren im Reichstag, in der Höhle Hitlers«, »Die Russen waren hier und haben die Deutschen immer geschlagen«, »Für Leningrad haben sie voll bezahlt«, »Geschieht ihnen recht, Hundesöhne!«, »Hitlers Nest«, »Was man sät, wird man ernten«, »Einen Scheiß kriegt Ihr, Faschisten, nicht Russland« (Esch 2001, Bornhöft 1999). Besonders anstößige oder deutschfeindliche Schriftzüge wurden während des Umbaus in den neunziger Jahren in Absprache mit der russischen Botschaft entfernt.

Deutlich häufiger hielten die Soldaten die Stationen ihres Weges nach Berlin fest: »Moskau-Smolensk-Berlin«, »Marschroute Teheran-Nowosibirsk-Baku-Berlin«, »Stalingrad-Berlin« oder »Unser Weg führte vom Kaukasus bis zum Reichstag in Berlin, Moschkin. I. P.« (Bornhöft 1999).

Die Erhaltung der Graffiti war zunächst eine Folge von Desinteresse und architektonischer Gestaltung. Im Zuge des Umbaus unter Paul Baumgarten in den sechziger Jahren verschwanden die Natursteinwände hinter Paneelen. Beim nächsten Umbau dreißig Jahre später kamen diese wieder zum Vorschein. Die Baukommission des Bundestags beschloss die Erhaltung der Graffiti.

Dieser Umgang mit den historischen Spuren entsprach Norman Fosters Grundgedanken, die Verwundungen des Gebäudes sichtbar zu machen. Auf den unteren Ebenen

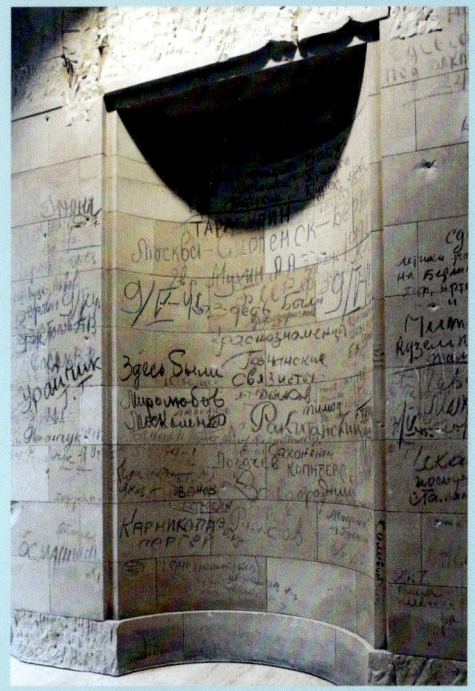

Wand mit Graffiti im Reichstag

ließ er das dort noch vorhandene originale Mauerwerk mitsamt seinen Beschädigungen offenlegen. Die mit vergänglichen Mitteln geschrieben Buchstaben wurden konserviert, waren damit aber noch nicht endgültig gerettet: Als die Parlamentarier neue Tagungsstätte bezogen, störten sich manche an den unübersehbaren Siegesgesten der Sowjetsoldaten. Sie stellten 2002 einen Antrag zur Reduzierung der Graffiti, erhielten aber keine Stimmenmehrheit.

In Bonn hatte man gehofft, am 5. März 1969 im Reichstag einen neuen Bundespräsidenten wählen zu können, doch konnten die Bauarbeiten nicht rechtzeitig abgeschlossen werden. Das Viermächteabkommen über Berlin vom September 1971 schloss eine Nutzung durch Bundestag und Bundesversammlung aus, so dass in den siebziger und achtziger Jahren nur Ausschusssitzungen den theoretischen Hauptstadtstatus Berlins demonstrierten. Doch auch so blieb mehr als genug Raum für die Selbstdarstellung der Bonner Republik. Bundesinnenminister Hans-Dietrich Genscher eröffnete am 21. März 1971, genau 100 Jahre nach der Konstituierung des ersten Parlaments im Deutschen Reich, die Ausstellung »Fragen an die deutsche Geschichte«. Die erfolgreiche Schau über die Vorgeschichte der Reichsgründung wurde 1974 erheblich erweitert und bis 1994 auf zwei Geschossen des

Das kaum genutzte Reichstagsgebäude nahe der Grenze zu Ost-Berlin, Anfang der 1980er Jahre

Erste Sitzung des gesamtdeutschen Bundestags am 4. Oktober 1990 in Paul Baumgartens Plenarsaal im Reichstag

Westflügels gezeigt. In den achtziger Jahren kam der Platz der Republik als Standort für ein großes Museum zur deutschen Geschichte ins Gespräch, das dann aber in Bonn gebaut wurde. Der Plenarsaal – nach dem Umbau durch Baumgarten doppelt so groß wie der von Wallot und mit ausreichend Platz für ein gesamtdeutsches Parlament – gemahnte an die ungelöste deutsche Frage und blieb zunächst leer. Diesen Umgang mit dem großen Saal beendete der Berliner Senat am 19. Juli 1974, als er ihn für eine Gedenkfeier zum am 20. Juli 1944 gescheiterten Attentat auf Hitler nutzte. Es folgten Sitzungen des Deutschen Städtetags, Konferenzen und Feierstunden, etwa zum Jahrestag der Einführung der Sozialversicherung durch Bismarck oder zum Gedenken an die Entmachtung des Parlaments 1933. Seit 1983 rief der Deutsche Gewerkschaftsbund wieder zur großen Maifeier auf dem Platz der Republik auf und knüpfte so an die Tradition der fünfziger und sechziger Jahre an.

Mitte der achtziger Jahre wandelte sich die Freifläche mit dem

Loch in der Berliner Mauer, 5. Januar 1990

Reichstagssolitär zu einem Schauplatz für Massenspektakel. Den Anfang machte 1984 André Heller mit einem riesigen Feuerwerk, in den folgenden Jahren spielten Rock- und Popstars im Schatten der Mauer und sorgten im Ostteil der Stadt für Auseinandersetzungen zwischen den Ordnungskräften und in Richtung Westen drängenden Musikfans. Die Rufe »Die Mauer muss weg« nahm kaum jemand ernst, die Teilung schien für unabsehbare Zeit zementiert und der Reichstag ein bedeutungsloses Relikt.

300 000 Zuschauer sahen am 21. Juli 1990 »The Wall« vor der Kulisse des Reichstags.

Neugestaltung nach der Einheit, 1990 – 1999

Noch ein Kuppelstreit

Mit dem Mauerfall lag das Haus plötzlich wieder in der Mitte Berlins, und nur elf Monate später feierten Regierung und Bevölkerung die deutsche Einheit – selbstverständlich vor dem Reichstag. Im Juni 1991 entschied der Bundestag mit knapper Mehrheit, dass Berlin nicht nur Hauptstadt, sondern auch Regierungssitz werden sollte. Die Entscheidung des Ältestenrats des Bundestags, dass das deutsche Parlament wieder im Reichstagsgebäude tagen würde, war lediglich Formsache. Doch wie sollte der Sitz des Bundestags aussehen? Die Lösung Baumgartens war ungeeignet, der Bau zudem asbestbelastet.

Die Wettbewerbsauslobung vom Juni 1992 enthielt weder eine Aussage zur Sitzanordnung des Plenarsaals noch darüber, ob über ihm eine Kuppel gebaut werden sollte. Entsprechend unterschiedlich waren die Entwürfe von Norman Foster, Santiago Calatrava und Pi de Bruijn, die in die engere Auswahl kamen. Der Ältestenrat wählte am 1. Juli 1993 Fosters kuppellosen Entwurf aus: Die Forderungen nach einer Kuppel wurden lauter, doch der Architekt stellte klar, dass er keine Kuppel wolle, sondern ein dem Publikum offenes Dach, damit sich der Souverän über seine Vertreter erhebe. Erst dachte er an eine Glasfläche über dem Plenarsaal, dann an einen Glaszylinder. Die Baukommission des Bundestags wiederum übernahm schließlich den Vorschlag einer zeitgenössischen Interpretation der historischen Kuppel, ohne aber deren Form festzulegen, woraufhin Foster nichts anderes übrigblieb, als ihr nicht weniger als 26 verschiedene Kuppelvarianten anzubieten.

Heute sitzt auf dem Reichstag eine schlichte Kuppel mit ovalem Querschnitt auf, eine Verwechslung mit Wallots »Pickelhaube«, wie spöttische Kommentatoren sie nannten, ist damit ausgeschlossen. Gemäß Fosters ursprünglichen Ideen steht sie Besuchern offen und bietet eine Zone der Durchlässigkeit zwischen der Bevölkerung und ihren Vertretern. Den Abgeordneten im Sitzungssaal spendet sie Licht. Sie gilt als Sinnbild demokratischer Transparenz. Bundeskanzler Gerhard Schröder bemerkte in seiner Regierungserklärung vom 10. November 1998, die gläserne Kuppel sei mehr »als ein hübsches architektonisches Detail. Sie kann ein Symbol werden für die moderne Kommunikation einer staatsbürgerlichen Offenheit«.

Die Verhüllung

Parallel zur Kuppeldebatte stritten Politiker und Kommentatoren um die zeitweilige Verwandlung des Baus in eine glitzernde, fragile Skulptur. Der bulgarisch-amerikanische Künstler Christo und seine Partnerin Jeanne-Claude hatten schon 1976 ihre Idee präsentiert, den Reichstag in eine Haut aus Stoff zu hüllen. Zuvor hatten sie in den USA zwei monumental dimensionierte, zeitlich eng begrenzte Großprojekte verwirklicht, in denen sie große Stoffflächen in ländliche Umgebungen eingebracht hatten. Der Reichstag sollte das erste städtische Projekt werden. Die Verhüllungsgegner erklärten in der jahrzehntelangen Debatte, es gäbe Wichtigeres zu tun, und warnten vor einer »Verhohnepie-

Der von Christo und Jeanne-Claude verhüllte Reichstag, 1995

pelung des Bauwerks«. Andere sprachen von »Geldmacherei«, die über »die Gefühle der Deutschen« und die Würde eines Denkmals des Parlamentarismus hinweggehe. Eine Umfrage im Vorfeld erbrachte eine Zustimmung von lediglich 20 Prozent der Bevölkerung.

Letztlich war es Helmut Kohl, der das Thema vor den Bundestag brachte, weil er davon ausging, es so zum Scheitern zu bringen.

Der Platz der Republik, 2013

Dann erlebte er, wie eine klare Mehrheit für die Kunstaktion votierte. In den Monaten zuvor hatten sich das Künstlerpaar und seine Mitstreiter um jeden einzelnen Abgeordneten bemüht. Zwischen dem 23. Juni und dem 6. Juli 1995 war der Reichstag verhüllt und zog allein aus Deutschland fünf Millionen Neugierige in die Hauptstadt. Sie blickten auf 100 000 Quadratmeter aluminiumbedampftes Polypropylentuch und genossen eine einmalige Feierstimmung. Auch der Umbauarchitekt Norman Foster war begeistert und bemerkte: »Für mich war es eine magische, eine bewegende Erfahrung, den Reichstag in seinem silbernen Tuch glitzern zu sehen – und rundherum die große, spontane Feier. Die Menschenmassen waren verblüffend. Jeder kam hierher – Familien, Paare, Politiker und Intellektuelle, Akrobaten und Künstler, Alt und Jung, Reich und Arm – alle zusammen bildeten sie eine bezaubernde, gutgelaunte Menge. Ganz Berlin schien hier zu feiern, zu picknicken, zu tanzen oder einfach nur die Stimmung zu genießen.« Die Party war nach knapp zwei Wochen zu Ende, unmittelbar nach dem Abbau der Gerüste begannen die Entkernung und der vollständige Neuausbau des Hauses.

Touristische Attraktion und parlamentarischer Normalbetrieb, seit 1999

Ehe der 14. Deutsche Bundestag am 8. September 1999 im Reichstagsgebäude zusammentrat, war eine logistische Großaufgabe zu vollbringen: Vom 5. bis 31. Juli 1999 waren 24 Züge mit 50 000 Kubikmeter Umzugsgut, darunter etwa 36 000 Bücher sowie 11 000 Meter Akten von Bonn nach Berlin transportiert und dort in 16 Übergangsquartiere gebracht worden – die Büro- und Verwaltungsgebäude des Bundestags waren noch nicht fertiggestellt. Neben 665 Abgeordneten gingen auch 1500 ihrer Mitarbeiter, 1035 Verwaltungsangehörige sowie 854 Fraktionsmitarbeiter vom Rhein an die Spree. Endgültig abgeschlossen war der Umzug aber erst am 10. Mai 2004, als im benachbarten Marie-Elisabeth-Lüders-Haus die Bibliothek in Benutzung genommen wurde.

Drei Millionen Besucher strömen jährlich in den Reichstag und die ihn umgebenden Parlamentsgebäude. Das Paul-Löbe-Haus, das Marie-Elisabeth-Lüders-Haus und das Jakob-Kaiser-Haus beherbergen Abgeordnetenbüros, Sitzungsräume, die Bundestagsverwaltung, das Archiv und die Bibliothek. Sie entstanden etwas später als der neue Reichstagsbau und das Bundeskanzleramt und bilden mit diesen den Schwerpunkt des »Regierungsviertels«, obgleich der Name »Parlamentsviertel« zutreffender wäre, da die Mehrzahl der Großbauten vom Bundestag genutzt wird.

Zugkräftigster Publikumsmagnet ist die Reichstagskuppel, die 40 Meter Durchmesser hat und 54 Meter über das Straßen-

niveau ragt. Einen Blick über Haus und Stadt eröffnet ein sanft ansteigender Weg innerhalb der Kuppel. Dieser windet sich um einen markanten Trichter aus Spiegeln, welche Tageslicht in den Plenarsaal darunter lenken. Der Trichter verbirgt eine Wärmerückgewinnungsanlage, welche Wärme aus der Abluft des Plenarsaals zum Heizen aufbereitet. Auch sonst wurde auf eine umweltfreundliche Gebäudeinfrastruktur geachtet. So übernehmen zwei mit Biodiesel betriebene Blockheizkraftwerke die Versorgung mit Wärme und Strom; 300 Meter tief im Erdboden wird überschüssige Wärme gespeichert.

Im Innern gliedert sich der Bau in sechs Ebenen mit fünf verschiedenen Funktionen, denen jeweils eine Erkennungsfarbe zugeordnet ist: Keller und Erdgeschoss nehmen Parlamentssekretariat und Haustechnik auf, die Türen sind orangefarben. Über die Plenarsaalebene betreten die Abgeordneten das Herzstück des Hauses; ihre Sitze sind wie die Türen auf der Ebene in einem charakteristischen, eigens entwickelten Blau gehalten. Die Besucherebene zeichnet sich durch ein dunkles Grün aus und gewährt Zugang zu den 430 Besucherplätzen. Darüber folgt die Präsidialebene in Burgunderrot, unter anderem mit dem Büro des Bundestagspräsidenten. Die Fraktionsebene mit den Sitzungssälen der Parteigruppierungen und mit Interviewbereichen für die Journalisten zeichnet sich durch graue Elemente aus.

Der Plenarsaal selbst ist 24 Meter hoch und hat eine Fläche von 1200 Quadratmetern; er lässt sich von vielen Stellen im Gebäude einsehen. An seiner Stirnwand hängt der 58 Quadratme-

◂ Die neue Glaskuppel nach Entwürfen von Norman Foster, 2010

Sondersitzung des Bundestags zur europäischen Bankenrettung, 19. Juli 2012

ter große, 2,5 Tonnen schwere Bundesadler von Norman Foster aus Aluminium. Andere Kunstwerke im Reichstag stammen von Sigmar Polke, Gerhard Richter, Georg Baselitz oder Günther Uecker, der den überkonfessionellen Andachtsraum gestaltete.

Anhang

Praktische Informationen (Stand Juli 2017)

Anmeldung und Informationen für den Besuch von Dachterrasse und Kuppel (nur für den laufenden Monat und den Folgemonat, je nach Kapazitäten bis zu zwei Stunden vor dem Besuchstermin): www.bundestag.de/besucher
Öffnungszeiten der Kuppel: 8 – 24 Uhr, letzter Einlass 22 Uhr. Kurzfristige Schließungen aus Sicherheitsgründen sind möglich.
Ein Audioguide ist auf der Dachterrasse erhältlich. Es gibt Versionen für Kinder, für Blinde und Sehbehinderte und in leichter Sprache. Für Gehörlose wird ein Video-Guide angeboten.

Kurzentschlossene können sich südlich der Scheidemannstraße in der Außenstelle des Besucherdienstes neben dem Berlin-Pavillon anmelden und je nach Kapazitäten bis zu zwei Stunden vor dem Besuchstermin eine Zutrittsberechtigung erhalten.

Anmeldungen für Führungen, Vorträge und Plenarsitzungen (nur für den laufenden Monat und die beiden Folgemonate): www.bundestag.de/besuche/fuehrung

Der Besucherdienst des Bundestags bietet mehrmals täglich Führungen zum Schwerpunkt »Arbeitsweise des Bundestags und Gebäudegeschichte« oder zum Schwerpunkt »Parlamentsgeschichte« an. Ein weiteres tägliches Angebot sind Informationsvorträge auf der Besuchertribüne des Plenarsaals mit anschließendem Besuch der Dachterrasse.
Am Wochenende finden Führungen für Familien und zu Kunst und Architektur statt. Ebenfalls an den Wochenenden werden Kunst und Architektur von Paul-Löbe- und Jakob-Kaiser-Haus erläutert.

Bei sämtlichen Anmeldungen sind Name, Vorname und Geburtsdatum anzugeben. Beim Betreten des Gebäudes wird die Identität anhand von Personalausweis o. ä. überprüft.

Schriftliche Anmeldungen und
Anfragen:
Deutscher Bundestag
Besucherdienst
Platz der Republik 1
11011 Berlin

Fax:
Führungsanmeldung 030-227-300 42
Kuppelbesuch 030-227-364 36
E-Mail: besucherdienst@bundestag.de

Literaturempfehlungen

Petra Bornhöft, Schweinkram mit blauer Kreide, in: Spiegel 26/1999

Michael S. Cullen, Uwe Kieling: Der deutsche Reichstag. Geschichte eines Parlaments, Berlin 1992

Michael S. Cullen: Der Reichstag. Parlament, Denkmal, Symbol, Berlin 1999

Stefan Engelniederhammer: Die Reichstagsverhüllung im Dialog zwischen Politik und Kunst, Berlin 1995

Christian Esch, Was die russischen Graffiti im Reichstag bedeuten und warum sie bleiben sollen, in: Berliner Zeitung, 7. April 2001

Jörn Glasenapp: Die Sowjetflagge auf dem Reichstag – Ikone des Sieges, in: Stiftung Haus der Geschichte der Bundesrepublik Deutschland (Hrsg.): Bilder im Kopf. Ikonen der Zeitgeschichte, Bonn 2009, S. 50 – 57

Godehard Hoffmann: Architektur für die Nation? Der Reichstag und die Staatsbauten des Deutschen Kaiserreichs 1871 – 1918, Köln 2000

Sven Felix Kellerhoff: Der Reichstagsbrand. Karriere eines Kriminalfalls, Berlin 2008

Jan Martin Ogiermann: Kapitel »Der Reichstag. Das Haus der Deutschen«, in: Geheimnisvolle Orte, Berlin 2013

Jürgen Schmädeke: Der Deutsche Reichstag. Geschichte und Gegenwart eines Bauwerks, München 1994

Umzug des Bundestages nach Berlin: Chronik, bundestag.de (abgerufen am 24. 07. 2017)

Heinrich Wefing (Hrsg.): »Dem Deutschen Volke«. Der Bundestag im Berliner Reichstagsgebäude, Bonn 1999

Abbildungsnachweis

Archiv des Deutschen Verlags der Wissenschaften: S. 10, 11, 13, 16, 31, 32, 35; Bildarchiv Preußischer Kulturbesitz, Berlin: S. 43 (Jewgeni Chaldej, Agentur Voller Ernst); Bundesarchiv: S. 9 (Bild 183-R09528), 15 (Bild 146-1998-010-14), 19 (Bild 102-01839A / Georg Pahl), 21 (B 145 Bild-P049632 / Carl Weinrother), 22 (Bild 146II-536 / Paul Hoffmann), 24 o. (Bild 146-1970-051-43), 24 u. (Bild 146-1970-058-20), 27 (Bild 102-00607 / Georg Pahl), 28 (Bild 102-01285 / Georg Pahl), 29 (Bild 102-07391 / Georg Pahl), 30 (Bild 102-01919 / Georg Pahl), 39 (Bild 183-U0613-504), 40 (Bild 102-16119 / Georg Pahl), 45 (Bild 212-136 / Ugo Proietti), 46 (Bild 183-H29366), 49 (B 145 Bild-00014453 – Presse- und Informationsamt der Bundesregierung / Bernd Kühler), 51 (Bild 183-1990-1004-404 / Peer Grimm), 52 o. (Bild 183-1990-0105-029 / Hartmut Reiche), 52 u. (Bild 183-1990-0722-402 / Robert Roeske); Christo und Jeanne-Claude: Wrapped Reichstag, Berlin 1971 – 95, Germany, Photo: Wolfgang Volz / laif: S. 55; Deutscher Bundestag / Pressestelle: S. 58 (Arndt Oehmichen), S. 60 (Marc-Steffen Unger); Martin Kaule, Berlin: S. 4, 56; Jürgen Ritter, Barum: S. 50

Der Autor

Jan Martin Ogiermann, Jahrgang 1975, Studium der Geschichte und der Jüdischen Studien in Frankfurt, Jerusalem und Potsdam sowie Holocaust Studies in Berlin; lebt als freier Autor und Lektor in Berlin.

© privat

Chronik

1871	Erster Architekturwettbewerb zum Reichstagsprojekt
1882	Zweiter Architekturwettbewerb, Sieger Paul Wallot
9. Juni 1884	Grundsteinlegung durch Kaiser Wilhelm I.
5. Dezember 1894	Schlusssteinlegung durch Kaiser Wilhelm II.
Dezember 1916	Anbringung der Widmungsinschrift »Dem deutschen Volke«
9. November 1918	Ausrufung der Republik durch Philipp Scheidemann
13. Januar 1920	Demonstration vor dem Reichstag mit Dutzenden Toten
27. Februar 1933	Brandstiftung im Reichstag, Zerstörung des Plenarsaals
2. Mai 1945	Hissung der Sowjetflagge auf der Reichstagsruine
9. September 1948	Kundgebung gegen die Berlin-Blockade vor dem Reichstag
22. November 1954	Sprengung der Kuppel
1955	Bundestagsbeschluss zur Wiederherstellung des Reichstags
1961	Paul Baumgarten gewinnt den Wettbewerb zum Wiederaufbau
1971	Eröffnung der Ausstellung »Fragen an die deutsche Geschichte«
1973	Abschluss der Wiederherstellung
4. Oktober 1990	Sitzung des Bundestags nach der Wiedervereinigung
20. Juni 1991	Bundestagsbeschluss zum Umzug von Bonn nach Berlin
1993	Norman Foster gewinnt den Wettbewerb zur Umgestaltung des Baus
24. Juni – 4. Juli 1995	Verhüllung des Reichstags durch Christo und Jeanne-Claude
8. September 1999	Erste Bundestagssitzung im modernisierten Reichstagsgebäude
23. Januar 2002	Schlüsselübergabe für das Jakob-Kaiser-Haus
9. Februar 2002	Einzug ins Paul-Löbe-Haus abgeschlossen
10. Mai 2004	Die Bibliothek im Marie-Elisabeth-Lüders-Haus geht in den Regelbetrieb, der Parlamentsumzug ist endgültig abgeschlossen

»Orte der Geschichte«, herausgegeben von Martin Kaule
Weitere Bände – je 5,00 € (D); 5,20 € (A):

Die Amerikaner im geteilten Berlin
Spurensuche im Südwesten der Stadt
ISBN 978-3-86153-972-8

Bunker in Berlin
Zeugnisse des Zweiten Weltkrieges
ISBN 978-3-86153-830-1

Dresden, Bautzner Straße
Von der politischen Haftanstalt
zum Ort der Friedlichen Revolution
ISBN 978-3-86153-927-8

Gedenkstätte Lindenstraße
Vom Haus des Terrors zum
Potsdamer Haus der Demokratie
ISBN 978-3-86153-803-5

Insel Helgoland
Die »Seefestung« und ihr Erbe
ISBN 978-3-86153-770-0

Die KulturBrauerei in Berlin
Geschichte und Gegenwart der
ehemaligen Schultheiss-Brauerei
ISBN 978-3-86153-955-1

Nürnberg
Reichsparteitagsgelände
und Justizpalast
ISBN 978-3-86153-772-4

**Olympiastadion Berlin
und Olympisches Dorf Elstal**
ISBN 978-3-86153-766-3

Peenemünde
Vom Raketenzentrum zur
Denkmal-Landschaft
ISBN 978-3-86153-764-9

Prora
Geschichte und Gegenwart
des »KdF-Seebads Rügen«
ISBN 978-3-86153-767-0

Relikte der Staatssicherheit
Bauliche Hinterlassenschaften des MfS
ISBN 978-3-86153-765-6

Die Schlacht um die Seelower Höhen
Erinnerungsorte beiderseits der Oder
ISBN 978-3-86153-831-8

**Sowjetische Hinterlassenschaften
in Berlin und Brandenburg**
ISBN 978-3-86153-802-8

Westwall
Von der Festungslinie zur
Erinnerungslandschaft
ISBN 978-3-86153-769-4

Wolfsschanze
»Führerhauptquartier« in Masuren
ISBN 978-3-86153-768-7

Zeche Zollverein
Vom Steinkohlenbergwerk
zum Weltkulturerbe
ISBN 978-3-86153-801-1

Kein anderes Bauwerk fängt die Brüche, Desaster und Erfolge der neueren deutschen Geschichte so ein wie das Reichstagsgebäude in Berlin: Die Kämpfe um die demokratische Ordnung in der Weimarer Republik fanden auch im Reichstag statt. Das Ende der Freiheit leiteten die Flammen ein, die 1933 den Plenarsaal zerstörten. 1999 schließlich zog der Bundestag des vereinten Deutschlands in das umfassend modernisierte Gebäude.

Dieses Buch beschreibt kurz und prägnant die Geschichte des Reichstags von seiner Planung bis heute.

ISBN 978-3-86153-971-1

www.orte-der-geschichte.de
www.christoph-links-verlag.de